UNION SYNDICALE

DES

DÉBITANTS DE VINS ET LIQUORISTES DE PARIS ET DE LA BANLIEUE

PARIS — 70, rue Montmartre, 70 — PARIS

DISCOURS

PRONONCÉ PAR

M. EUGÈNE DELATTRE

A LA RÉUNION

Des Débitants de Vins du XIIe Arrondissement

Du 28 Septembre 1886

LES DÉBITANTS DE VINS

ET

L'APPLICATION DES LOIS DE 1851-55 A PARIS

ARCIS-SUR-AUBE

IMPRIMERIE LÉON FRÉMONT, ÉDITEUR

1886

UNION SYNDICALE

DES

DÉBITANTS DE VINS ET LIQUORISTES DE PARIS ET DE LA BANLIEUE

Paris — 70, rue Montmartre, 70 — Paris

DISCOURS

PRONONCÉ PAR

M. EUGÈNE DELATTRE

A LA RÉUNION

Des Débitants de Vins du XIIe Arrondissement

Du 28 Septembre 1886

LES DÉBITANTS DE VINS

ET

L'APPLICATION DES LOIS DE 1851-55 A PARIS

ARCIS-SUR-AUBE

IMPRIMERIE LÉON FRÉMONT, ÉDITEUR

—

1886

UNION SYNDICALE

DES

DÉBITANTS DE VINS ET LIQUORISTES DE PARIS ET DE LA BANLIEUE

70, Rue Montmartre, 70

DISCOURS

Prononcé par M. EUGÈNE DELATTRE, *Député,*
à la Réunion des Débitants de Vins du
XIIe Arrondissement.

M. DELATTRE, député. — Depuis nombre d'années, un malaise qui va s'aggravant pèse sur votre commerce ; étudions-le en suivant la sage méthode qui guide nos savants.

Tout récemment on a fêté le centenaire de M. Chevreul.

Cet homme illustre a remercié la foule des travailleurs qui l'acclamait en leur donnant ce précieux conseil :

« Dans toute chose, cherchez la cause et ensuite vous chercherez la cause de la cause. »

— Ici, la cause de vos souffrances est une loi impériale, de 1851-55, corroborée par un laboratoire de police qui s'intitule laboratoire municipal.

Mais, quelle est la cause de la cause, celle qui a inspiré la loi impériale?

C'est une pensée politique, une organisation policière dont aucun despote ne peut se passer.

Reportons nos souvenirs à la situation politique de Paris en 1851. C'était au républicanisme des marchands de vin que le criminel du Deux Décembre imputait l'élection des hommes qui s'appelaient Carnot, Garnier-Pagès.

Dès lors, le but de l'Empire fût de vous placer sous sa main ; il rendit aussitôt le décret de 1851.

Par là, non-seulement il vous muselait, mais encore il créait une clientèle d'agents de renseignements et de claqueurs impériaux sans bourse délier. Consultez vos anciens, ils vous diront que partout où passait l'Empereur, c'était un triomphe.; dix mille personnes saluaient César, de leurs acclamations.

Les marchands de vins, les marchands des halles etc., fournissaient un cortège brûlant d'enthousiasme qu'on payait peu ou pas du tout. Que de milliers d'infortunés auxquels on a dit : Ton commerce est en contravention. Veux-tu aller chaque semaine applaudir l'Empereur et... gratuitement? Allons! choisis. L'Embrigadement ou Mazas?

Le marchand était père de famille. Il ne

choisissait pas Mazas ; il s'embrigadait...
gratuitement.

Mais le budget de la police secrète ne diminuait pas pour cela.

C'est par ce moyen que les fonds secrets allaient grossir les traitements de l'état-major de la police. — Je ne dis pas qu'il en soit de même aujourd'hui, (Rires et applaudissements).

Eh bien ! malgré son ingénieuse combinaison, l'Empire n'était pas content de vous. Il ne vous bonapartisait pas assez vite.

Les condamnations prononcées contre les récalcitrants n'étaient pas nombreuses, par cette raison naturelle, qu'on ne poursuivait que l'introduction dans le vin de substances nuisibles à la santé.

Or, ces cas sont rares, et encore, ce n'est pas le débitant, mais bien le fabricant qui colore avec la fuschine, ou autres ingrédients insalubres.

L'Empire dit à la police : il faut trouvre mieux.

Alors, celle-ci poursuivant le même but politique, inventa une nouvelle machination. On fit la loi de 1855 et à l'aide d'une jurisprudence impériale on frappa le simple mouillage comme une falsification, un vrai délit contre la nature de la chose vendue.

Ceci se passait à Paris, car les cours du midi considéraient le mouillage comme innocent ou comme ne constituant qu'un dol commercial.

Cependant, Messieurs, la loi de 1816, autorisait le mouillage, source unique de vos nombreuses condamnations.

En effet, l'article 42 de la loi du 28 avril 1816 est ainsi conçu :

« *Les boissons dites piquettes, faites par les*
« *propriétaires récoltants, avec de l'eau jetée sur de*
« *simples marcs, sans pression, ne seront pas*
« *inventoriées chez eux, et seront conséquemment*
« *exemptes de droit, à moins qu'elles ne soient*
« *déplacées pour être vendues en gros ou en*
« *détail.* »

Le législateur reconnaissait donc qu'on pouvait mouiller le vin et qu'on pouvait mettre en vente du vin mouillé.

Plus loin, nous lisons dans l'article 100 de la même loi.

Les négociants, etc., etc., pourront transvaser, mélanger et couper leurs boissons hors la présence des employés, les pièces ne seront pas marquées à leur arrivée. Seulement il sera tenu pour les boissons en possession un compte d'entrée et de sortie, etc., etc.

Donc, la loi de 1816 permettait de mettre de l'eau dans le vin pourvu que le fisc ne soit pas fraudé.

Vous voyez qu'il fallait une audace bonapartiste pour falsifier la législation fondamentale. On mit le cœur à droite, comme dit Molière ; on bouleversa tout, le bon sens et la pudeur (Applaudissements.)

Il fallait bien posséder une clientèle gratuite et nombreuse pour acclamer l'empereur et sa suite. Eh bien ! M. Chevreul avait bien raison de nous conseiller de rechercher la cause de la cause ; la voilà ; elle s'appelle *police bonapartiste à bon marché.*

Plus tard vint la République. Elle porta un coup funeste à la police en supprimant l'autorisation préalable et tout le monde pût, dès lors, être débitant de vins librement et sans crainte aucune.

La police, se trouvant bien malade, dût chercher à reconquérir sa puissance diminuée. Elle tenta un suprême effort. Elle retrouva son salut dans une nouvelle création : le laboratoire municipal. Cet établissement avait été créé pour défendre Paris contre certaines fraudes de province ; elle le confisqua dès le début ; elle en fit une grosse machine de police. Son budget primitif était de 14,000 fr., elle l'éleva rapidement à 300,000 fr. Mais, elle éleva plus rapidement encore les mœurs des agents du laboratoire à la hauteur des basses pratiques de la police secrète impériale. Voyez le fonctionnement. Il n'a rien de municipal, il est police pure avec ses ruses, ses fourberies, ses lettres anonymes, ses pièges grossiers et ses effronteries spéciales. Suivez l'agent du laboratoire qui vient opérer un prélèvement.

Ce n'est pas le magistrat avec son écharpe qui arrive ; il n'a pas dans la main, comme pour les délits ordinaires, une ordonnance du juge d'instruction. Non ! c'est une façon d'ouvrier qui se plante en se dandinant devant le comptoir et vous demande une chopine ; i cause de la pluie et du beau temps ; il rit en disant : Dam ! ce petit vin est mouillé.

— Non monsieur.

— Allons ! l'ami, ne nous fâchons pas, je suis de la partie, il a été un peu baptisé.

— Oh ! si peu.

— C'est vrai, peu, mais enfin il y a de l'eau, vous l'avouez. Et tout à coup il se redresse, tire son écharpe : je suis inspecteur du laboratoire municipal, je suis un commissaire et je dresse procès-verbal de votre aveu.

Et tout cela se fait au nom du Conseil municipal de Paris ! C'est le Conseil de la Ville Lumière qui est le père de ces allures suspectes ; ce sont les fiers élus de Paris républicain qui endossent la responsabilité de cette basse morale... Et moi, je le dis bien haut, on a tenté de déshonorer le Conseil municipal en usurpant son titre. (Applaudissements.)

Non, mille fois non, vous n'êtes pas municipal ; police vous êtes, police vous vivrez, et police vous mourrez.

Poursuivons et prenons quelques-uns de vos hauts faits.

Vous avez inventé une moyenne des vins,

et tous ceux qui s'écartent de votre moyenne sont coupables. Et, qui poursuivez-vous devant votre justice de moyenne? Tous? Non pas! Les petits seulement. Vous ne touchez pas aux gros bonnets... toujours comme sous l'Empire.

Pendant ce temps-là, en province, la justice est toute autre. Le vin mouillé y est bon. La vente d'un vin mouillé est reconnue valable, car, disent les juges, c'est l'habitude de la contrée.

Les juges de Carcassonne, les juges de Montpellier ont contraint M. Jarlaud à prendre livraison d'un vin mouillé. Ce vin est venu à Paris, il a été refusé, et sur ce refus on l'a vendu aux enchères par autorité de justice, puis il est entré dans vos caves et le laboratoire vous a poursuivi. On ne saurait imaginer, même au théâtre du Palais-Royal, une situation aussi bizarre.

Après avoir poursuivi, vous vous donnez le luxe des grâces occultes.

Ici les mœurs de l'Empire, je l'affirme, se sont continuées sous la République.

Un jour, les conseillers de la Cour d'appel ont voulu savoir si on exécutait leurs arrêts et si on posait les affiches. Vérification faite, les affiches n'étaient pas apposées.

Qui avait fait grâce?

La police... en cachette, naturellement.

C'est ainsi que chaque jour on augmente la clientèle.

Toujours le même but politique poursuivi sans trêve !

Tournez aujourd'hui vos regards vers l'Institut et vous y apprendrez qu'on y discute le vinage — c'est vrai — mais vous y verrez qu'on y pose carrément la question de limiter le nombre de vos établissements. C'est clair ! On veut briser ce qu'a fait la République, on veut revenir au régime impérial, rétablir l'autorisation préalable. (Applaudissements prolongés).

Mes chers concitoyens, croyez mon expérience ; j'ai étudié sérieusement la cause qui vous préoccupe et je ne vois qu'un remède à ce virus impérial, c'est d'extirper la cause de la cause, je veux dire le but politique : la main mise sur 24,000 débitants en moyenne. Pourquoi s'acharner à tenir cette corporation ? C'est parce qu'elle fournit au travail un crédit de 1200 fr. par chaque débitant et par mois, c'est-à-dire, entendez-le bien, qu'elle fait 345 millions de crédit aux travailleurs de Paris et de la banlieue. (Sensation).

Si la République répudie cette politique impériale, alors, le gouvernement proposera l'abrogation des lois de 1851-55. Il faut qu'il en prenne l'initiative, sans cela la loi, même votée, dormirait éternellement dans les cartons du Sénat.

Je me demande même s'il y a nécessité de changer la loi ; un changement de jurisprudence suffirait. Le jour où un ministre dira au parquet de Paris de suivre la jurisprudence des cours de Montpellier, de Toulouse, à l'égard du mouillage, vous n'aurez plus rien à craindre.

C'est donc une campagne qu'il faut entreprendre auprès du ministre de la justice.

Vous le savez, messieurs, je n'épargne et n'épargnerai ni mon temps ni mes peines, pour vous faire obtenir justice ; je suis monté à la tribune pour défendre votre cause, je suis allé même chez le garde des sceaux. Ce que j'ai fait je suis prêt à le refaire avec mes collègues de la Seine. Mais ce n'est pas seulement au Parlement qu'il faut engager l'action.

Il existe à mon sens un 2me moyen pour arriver à une solution, c'est d'obtenir le rattachement du laboratoire directement au Conseil municipal. Si le Conseil éprouve un refus, alors qu'il refuse à son tour de voter le budget en disant à l'Etat : notre laboratoire était municipal, vous le changez en machine policière, eh bien, payez-là.

Notez que la poursuite des crimes et des délits constitue une dépense du budget de l'Etat ; la poursuite des contraventions appartient au budget de la commune ; elle est classée au titre : police municipale. Or, le laboratoire de police, poursuit en police correctionnelle, les répressions les plus sévères, il fait donc œuvre d'Etat et doit être payé par lui. Si, au contraire, le laboratoire revient à la fonction qu'il avait à sa naissance, qu'il rentre exclusivement dans le service du Conseil municipal.

Si le Conseil municipal portait cette affaire au Conseil d'Etat, il obtiendrait certainement gain de cause.

M. Lyon-Allemand. — Nous nous sommes pourvus.

M. Delattre. — Pas sur cette question, mais sur la totalité du budget de la Préfecture.

— Scinder le budget, en détacher le laboratoire et en poursuivre le rattachement est une idée nouvelle que j'émets avec la conviction que, sans supprimer le laboratoire, vous obtiendriez ainsi sa transformation.

Voyez ce qui se passe pour les logements insalubres, tout est entre les mains du Conseil ; qu'il en soit ainsi pour les vins, vous y trouverez la même garantie, l'honorabilité des conseillers municipaux. (Vifs applaudissements.)

Dans l'état actuel des choses le laboratoire municipal n'a pas de responsabilité, il est infaillible comme un chef de religion.

L'éclat de cette infaillibilité est apparue dans la question des bières salycilées. Parce qu'il a plu à un monsieur de donner 20 grammes d'acide salycilique à des lapins qui n'en sont pas morts, mais qui ont reçu froidement leurs lapines pendant huit jours, M. Girard en a conclu qu'en mettant quelques centigrammes d'acide salycilique dans de la bière vous commettiez un délit, mais en vertu de quoi ce délit.

M. Tirard, ancien ministre, avait envoyé aux préfets une circulaire pour prohiber l'acide salycilique. Les trois quarts des préfets n'ont pas donné suite à cette circulaire. Interpellé par divers députés du Midi sur son étrange interdiction d'un anti-septique innocent, le ministre a suspendu les effets de sa lettre ministérielle; cela durait depuis trois ans, quand le laboratoire exerça des poursuites, mais les juges en 1882, 1883, 1884, ont considéré l'édit de M. Tirard comme une circulaire qui se suspendait à volonté, et, ils ont affirmé d'ailleurs, qu'il n'était pas prouvé aux yeux de la science que l'acide salycilique fut nuisible à la santé. Qu'a fait alors le laboratoire? Ne pouvant plus poursuivre devant le tribunal correctionnel il s'est rabattu sur la simple police; « faute de grives, dit-il, nous mangerons des merles ».

Il a fait 1800 contraventions de simple police, qu'il a fait passer aux yeux des naïfs ou des ignorants pour des condamnations correctionnelles... odieuse supercherie !

Le laboratoire a donné là un exemple d'insurrection contre la magistrature. (Vifs applaudissements).

Terminons messieurs, en calculant l'influence considérable des députés de province sur nos ministres.

Ces jours passés, le ministre de la justice, avait lancé une circulaire fabriquée dans le Laboratoire de police de ses prédécesseurs, sur la défense d'introduire dans le vin plus de 2 grammes de plâtre.

Le ministre du commerce, M. Lockroy, avait avisé les Préfets de cette circulaire.

Tout à coup un honorable député de province, vient trouver le ministre du commerce et son collègue de la Justice, et une seule visite suffit pour arrêter la foudre gouvernementale. On suspend pendant un an l'application de la circulaire ; par ordre et pendant un an, le plâtre ne nuira pas à la santé. Voilà une comédie digne de votre attention. Pourquoi de votre côté ne pas aller trouver M. le ministre de la Justice et lui demander de traiter pour une fois, Paris comme la Province. Une telle requête aurait, je le reconnais, un caractère original. Oser soutenir qu'un Parisien est un citoyen Français, affirmer l'égalité du citadin et du rural, prétendre que le gouvernement est fait pour protéger la liberté individuelle et non pour l'étrangler, alléguer que la caisse municipale ne doit payer que des œuvres municipales, vouloir qu'un ministre de la justice soit juste, c'est fort audacieux ! Si pourtant vous tentiez quand même ? Peut-être le garde des sceaux comprendra-t-il un jour qu'il lui suffirait d'être juste pendant un seul mois pour devenir le premier homme du siècle et le premier citoyen de la République Française. (Longs applaudissements).

Arcis-sur-Aube. — Imprimerie Léon Frémont.